JN025307

比べて「自分なんて……」と落ち込むことがあるかもしれません。

もう一生このままなのではと不安で怖くなったり、すべてを諦めてしまいたくなることもあるでしょう。

頑張っても頑張ってもうまくいかないとなると、なにをどうしていいのかわからなくなってしまいます。


でも、あなたなら大丈夫。

この本を手に取ってくれたということは、あなたは心のどこかで自分の頑張りに気づいているはずです。 頑張っていない人なら、この本は手に取りません。

だからまずは、今まで頑張ってきた自分を認めてあげてください。結果が出せたかどうかではなく、頑張ってきた事実を認めてみてください。

「結果を出せないと誰も認めてくれない」「うまくいかなきゃ、頑張っても意味がな

はじめに

「頑張っても頑張ってもうまくいかない」
「なにをどう頑張ればいいのかわからない」
「なにをやってもうまくいかない」
「みんなみたいに頑張れない」

人間関係、仕事のこと、家族のこと、プライベートのこと……。
私のもとには、「どうすればうまくいくのだろうか」「なにがいけないのだろうか」
「なにをどう頑張ればいいのだろうか」と悩む人たちがたくさん相談に訪れます。

ラクしてうまくいっている人を見てモヤモヤしたり、うまくいっている人と自分を

がんばるのを
やめたら
うまくいった

心理カウンセラー
Poche
ポッシュ

ダイヤモンド社

い」と思う人こそ、自分の頑張りを認めてあげてください。

そのように思うのは、あなたがとても厳しい環境で頑張っているからです。厳しい環境にいて、厳しいことを言う人がいるからこそ、自分くらいは自分を認めてあげてくださいね。

厳しさは人を成長させるといいますが、厳しさだけでは心と体が参ってしまいます。

幸せになるために、結果を出すために、認めてもらうために、怒られないために、ラクになるために……きっとあなたはこれまで、たくさんのことを頑張ってきたのではないでしょうか。それにもかかわらず思ったようにうまくいかず、この本を手に取ってくれたのではないかと思います。

そんなあなたに私から伝えたいのは、「頑張るのをやめてみませんか?」というメッセージです。

頑張るのをやめるのが怖ければ、いったん頑張るのをやめてみようと思ってみてください。お試し感覚で、頑張るのをやめてみるだけでも大丈夫です。

……といきなり言われても、具体的にはなにをどうすればいいのか困ってしまいますよね。頑張るのが当たり前になっている人ほど、頑張っていることに気づけないものです。

そこで、この本には「頑張らなくてもいいこと」を詰め込みました。

中には、「え、これも頑張るってことなの？」と驚くようなものもあるかもしれません。

でも、「当たり前じゃないの？」とモヤモヤしたり、「そんなことしていいの？」と不安になったものこそ、頑張るのをやめるチャンス！

心が動くということは、あなたがこれまで「するべきだ」と思って頑張ってきたこ

とだからです。

大丈夫。

これまでと違う選択は、これまでとは違う結果につながります。

事実、頑張ってもうまくいかなかったのに、頑張るのをやめたらうまくいった人たちを、私はたくさん見てきました。

この本を通して、あなたが今よりラクに生きていく方法を見つけられるよう願っています。

がんばるのをやめたらうまくいった　目次

2
CHAPTER

人のためにがんばるのをやめよう

3 CHAPTER 職場で我慢するのをやめよう

4 CHAPTER 今よりうまくいく過ごし方

1

CHAPTER

自分の心を守ろう

自分に甘いのはよくないこと?

「自分に甘いのでは?」
そう頭をよぎる時点で、
実はそれほど甘えていない。

だから、そう思ったときこそ
もっと自分に甘くしてみよう。

世の中がこんなに
厳しいのだから
自分くらいは
自分に甘くしよう。

あーん

まだまだ
足りなーい！

自分に甘くても、いいんですよ。

自分に厳しくするのがよくて、自分に甘くするのが悪いということはありません。


「そんな甘い考えじゃどこに行ってもやっていけない」と言われることもあります。

でも、甘いかどうかの判断は、その言葉を言った人の基準でしかありません。

単にその人が「甘い」と思っただけで、実際には甘い考えではないこともあります。

そう言われた環境を離れただけで、うまくやっていける人もたくさんいます。


「甘い考え方をしていたら生きていけない」と言われることがあります。

でも、生きていくためには、甘い考えも必要です。

頑張りすぎたり我慢しすぎたりして、心や体の調子を崩すのは、自分に厳しい人たちだからです。

「世の中、そんなに甘くない」と言われることがあります。

でも、そんなに甘くない世の中で生きているからこそ、自分くらいは、自分に甘い方がいいのです。

厳しいことを言う人がたくさんいるからこそ、自分くらいは、自分に優しい言葉をかけてあげてください。

厳しい言葉ばかりでは、生きているのがしんどくなってしまいますから。

人は、これまで自分がしたことのないことに不安を感じます。

自分に甘くすることに不安を感じる時点で、あなたは自分が思っているよりも自分に甘くはないのです。むしろ、厳しいくらいかもしれません。

「自分に甘いのでは」「自分に甘くしてもいいのだろうか」と不安になる人こそ、もっと自分に甘くしてみてくださいね。

自分に自信を持てないとダメ？

自分に自信を持つことよりも
大切なのは
今の自分を否定しないこと。

自信がなくても
うまくいくし
幸せにもなれる。

だから
自信を持てなくても
大丈夫。

「もっと自信を持った方がいい」と人から言われることがあります。

でも、誰かに言われて自信を持とうと頑張る必要はありません。もっと自信を持ったところで、なにかがうまくいくという保証はないからです。

逆に、自信がなくてもうまくいくことがあります。自信がないからこそ慎重になったり、丁寧になったりするからです。

自信がなくて悩んでいると、自信にあふれた人を見て落ち込むことがあるかもしれません。

でも、自信を持てなくても大丈夫。

むしろ自信がない方がうまくいくこともある、と思ってみてください。

自信満々すぎて人が離れていったり、自分が正しいという思いから人の意見を受け入れられなくなったり、過度な自信が成長の邪魔をしたりすることもあるからです。

自信を持つことと、人生がうまくいくことは別物です。
だからこそ、今の自分に足りないものを探すのではなく、今の自分にあるものを探してみてください。

今の自分ができていないことを探すのではなく、今の自分ができていることを探してください。できて当たり前のことなんて、ひとつもありません。
もっと頑張らなければいけないことを探すのではなく、もっと楽しめるものがないかを探してみてください。

自信を持つことよりも大切なのは、今の自分を否定しないことです。
今のあなたが楽しいと思えることに、時間や体力を使ってみてくださいね。

人のせいにしてはいけないの？

世の中には、
本当はあなたのせいではない
ことがある。

きちんと人のせいにした方が
いいこともある。

人のせいは、人のせい。

自分のせいばかりに
しないでおこう。

「人のせいにしてはいけない」と言われることがあります。

でも、必ずしもそうとは限りません。世の中には、本当にあなたのせいではないことがあるからです。あなたのせいではないことを「あなたのせいだ」「あなたが悪い」と、押し付けてくるような人もたくさんいます。

だから、あなたのせいではないことは、きちんと人のせいにしておきましょう。

人のせいのことまで自分のせいにしていたら、体が持ちません。「あなたのせいだ」と一方的に押し付けられたときには、いったん立ち止まって「本当に私のせいだろうか？」と振り返ってみてください。

「もしも、私のせいではなかったら？」

「相手のせいだと言えることはないだろうか？」

と考えてみてください。

そうすれば、自分のせいではないことが見つかります。自分のせいではないことが見つかれば、必要以上に自分を責めずに済みます。自分を責める回数が減れば今より疲れにくくなり、毎日を楽しめるようになります。

これからはもう、自分のせいではないことで、自分を責めないでおきましょう。なにかあったときに、自分を疑わないでおきましょう。

人のせいは、人のせい。
あなたのせいではありません。

あなたのせいでないことは、あなたが思っているよりもたくさんあります。信じてみてくださいね。

過去のことで悩むのはダメなこと？

いまだに悩んでしまうほどのことが
過去にあったということ。
それほど傷ついたということ。

そんな過去を抱えながら
よく今日まで生きてきたと
自分をほめてあげていい。

「まだそんな昔のことを言っているの?」「過去に執着しすぎ」と言われることがあります。

でもこれは、過去に執着しているのとは違います。

心に深い傷を負い、その傷がまだ癒(い)えていないだけです。

もしあなたもその一人だとしたら、誰かに自分の気持ちを聞いてもらってください。

過去に縛られて苦しいと感じるなら、もっともっと聞いてもらってください。

何度も話を聞いてもらううちに、つらい過去が少しずつ整理され、心の傷が癒えて、だんだんと昔のことが口から出なくなりますから。

「過去は忘れて前に進むべきだ」と言われることがあります。

そんなふうに言われると、忘れられない自分がイヤになったり、苦しくなったりすることもあります。

でも、そんなときこそ、「別に忘れられなくてもいい」「言うほど簡単なことじゃない」と自分の味方になってあげてください。忘れられたらどんなにラクだろうかと思っているのは、あなた自身のはずだからです。

「過去は変えられないのだから考えても仕方ない」と言われることがあります。確かに過去は変えられません。でも、だから悩むのです。過去を変えられないからこそ、起こった事実は消せないからこそ、現実の心をなんとか整理するために悩むのです。

過去のことで悩むのはダメなことではありません。

「忘れることもできないような過去を背負って、よく頑張っている」と、自分をほめてあげてください。

忘れようと頑張らなくていいのだと、自分に伝えてあげてくださいね。

人をねたむのはよくないこと?

ねたむのは
「うらやましい」
という気持ちがあるから。

「こうなりたい」
という理想があるから。
ねたみが生まれるのは
あなたが
今を一生懸命
生きているから。

適当に生きていたら、ねたみは生まれません。

「悔しい」「うらやましい」という気持ちが生まれるなら、それはあなたが頑張って生きてきた証拠です。

だから、嫉妬する自分をダメだと思う必要もなければ、人をうらやましいと思わないように努力する必要もありません。

一般的に嫉妬がよくないと言われるのは、誰かと自分を比べて落ち込んだり、自分を否定したり責めたりして、自分自身を苦しめてしまうからです。

でも、嫉妬そのものが悪いのではありません。嫉妬したあとで、自分の気持ちがどう変わるかが重要です。誰かに嫉妬したときに、「あの人がうらやましい。それに比べて私は……」と自分のよくないところについて考え続けてしまうと、嫉妬心はあなたを苦しめます。

誰かをうらやましいと思っていただけなのに、最終的に自分のよくないところを並べて、「ここができていない」「ここがダメだ」と自分を責めて追い込んでしまうからです。

でも、うらやましいと思ったときに、「嫉妬は悪いことじゃない」「自分の欲しいものや、自分の本音を知るチャンスだ」と切り替えることができれば、嫉妬心はプラスに働きます。

どんな人にでも嫉妬心はあります。ねたみや嫉妬、他人をうらやましいと思う気持ちは、あなたが今を一生懸命生きているからこそ出てくるものです。

だから、ねたみや嫉妬が生まれたとしてもまったく問題ありません。大丈夫ですよ。

イライラするのはダメなこと？

イライラは
あなたの心と体を守るサイン。

だから

イライラする人とは、離れよう。
イライラしたときこそ、ひと息つこう。
イライラする自分が
イヤになったら
自分に優しくしよう。

イライラは、あなたの心を守る重要な反応です。

だから、イライラしても大丈夫。むしろ、まったくイライラしなくなる方が、生きていくうえでは危険です。


たとえば……

イヤなことを言われたときにイライラしなくなったら、心がズタズタに傷ついてしまいます。

理不尽な要求にイライラしなくなったら、必要以上に頑張りすぎて、体がボロボロになってしまいます。

苦手なタイプの人にイライラしなくなったら、うっかり近づいて大変なことになってしまうかもしれません。


イライラしてもいいんですよ。イライラがあなたを守ってくれることもあります。

そもそもイライラするのは、あなたがたくさんのことを頑張っているからこそ。

自分のことだけを考えてラクをして生きているような人たちは、他人のことでイライラしません。まったく頑張っていなければ、他人と比較するようなことも起こりません。

イライラしたときこそ、自分をほめたり、ねぎらったりしてあげましょう。イライラするのは、あなたが悪いのではなく、イライラさせる相手が悪いのです。イライラするほど頑張っている自分をほめてあげてくださいね。

問題や悩みは解決しないとダメ？

思い出すのも
つらいような悩みなら、
無理して解決しようとしない方が
平和なこともある。

回復するまでに時間がかかる
心の傷には
「時間薬（じかんぐすり）」が頼りになる。

あなた一人で考えても、解決のできない悩みを抱えることがあります。
あなた一人が頑張っても、解決のできない悩みを抱えることもあります。

そんなときに頼りになるのが「時間薬」です。痛み止めでは消すことのできない心の痛みや、薬では紛らわすことのできない悲しみや怒りを、時間が和らげてくれることがあります。

だから、考えるのも頑張るのも疲れたときには、解決しようとすることをやめてみてください。やめるのが怖ければ、「いったん休憩しよう」と思ってみてください。

悩みについて考えて行動し、頑張り続けることだけが解決方法ではありません。ときにはなにもしないことで、解決することもあるのです。

「時間薬にお任せしよう」と思うと、あなたの心の負担が軽くなります。
「まぁ、いいや」と口に出してみると、その場で悩みすぎずに済みます。
「私だけが頑張っても仕方がない」と納得することで、自分だけが頑張らなくてもいいのだと思えるようになります。

「タイミングが訪れたらなんとかなる。今はそのタイミングではないだけ」と割り切ることで、解決しなければという焦りが落ち着きます。

考えるのもつらいようなことは、今すぐ解決しなくても大丈夫ですよ。

「〇〇な性格を変えた方がいい」と言われた。努力して変えるべき？

あなたが変えたいと思わなければ、
変えなくていい。
変えなきゃいけない、なんてこともない。

あなたに変わるように
アドバイスをする人よりも
今のあなたを
認めてくれる人の方が、
大事だから。

「あなたのそんな性格を変えた方がいい」「こういう考え方はやめた方がいい」と、誰かから指摘されることがあります。

でも、あなたが相手の言っていることに心から納得できないなら、受け入れる必要はありません。自分を変えようと頑張る必要もありません。

変えた方がいいというのは、相手の価値観でしかないからです。

あなたにアドバイスをした人が、変えた方がいいと感じただけなのであって、あなたがその人の言うとおりに自分を変えたとしても、うまくいく保証はありません。うまくいかなかったときに、その人があなたを助けてくれる保証もありません。

他人の性格や考え方について指摘をする人というのは、多くの場合、「自分の思いどおりに他人が動くべきだ」と思っているだけで、あなたの将来を考えているわけではないからです。

誰かから指摘やアドバイスを受けて自分を変えるべきか迷ったら、「アドバイスをしてくれたその人は、自分にとって理想の人だろうか？」と考えてみてください。

質問の答えが「いいえ」なら、そんな人のために、自分を変える努力をしないこと。

誰かのアドバイスを聞き入れるということは、その人の価値観や生き方を受け入れるということです。

相手の言うアドバイスに従い続ければ、その人のような生き方に近づいていきます。

だからこそ、あなたにとって理想的ではない人のアドバイスは聞き入れないでおきましょう。

あなたに変わるように求めてくる人よりも、今のあなたを認めて受け入れてくれる人を大切にしてくださいね。

第一印象で、人を嫌いになってはいけないの？

自分の気持ちをごまかして
誰かのことを「好き」と思い込むより、
正直に「嫌い」と思う方がいい。

嫌いな人にうっかり近づいて
自分を傷つけてしまうよりも、
ほどよく距離をとっておく方が
安全だから。

「なんか苦手かも……」。そう思う相手は、付き合う時間が長くなるにつれ、「やっぱり苦手」に変わります。

「嫌いなタイプかも……」。そう思うような相手も、付き合う時間が長くなるにつれ、「やっぱり嫌い」という確信に変わっていきます。

人を見た目で判断すべきではないと言われますが、自分の身を守るために、第一印象で人を判断した方がいいこともあります。第一印象で抱く直感は、よく当たるからです。

初めて会った相手に対して、私たちは無意識に「この人に近づいても大丈夫かどうか」を判断します。相手の情報がほとんどないなかで、見た目や仕草、言動などから、相手を直感で判断した結果が第一印象です。

「こういう人に苦労したな」とか「こういう人は苦手だったな」というように、過去の経験から相手を判断します。つまり直感は、これまでの経験の蓄積なのです。

だからこそ、あなたが誰かに抱いた直感と、周囲の人の評価が違うこともあります。
あなたが「あの人、なんか苦手」と感じたとしても、周囲の人が「あの人はいい人だよ」と言うこともあるでしょう。

でも、みんなにとっていい人が、あなたにとってもいい人とは限りません。

大切なのは、あなたにとっていい人かどうかです。
自分が抱いた第一印象を疑わないでおきましょう。ほかの誰の直感よりも頼りになるのはあなたの直感です。あなたの直感はあなたの経験をもとに働いているからです。
もっともっと、あなたの直感を信じてみてくださいね。

ネガティブなのは
よくないこと？

ネガティブになるようなことが
現実に起こっているのだから
それは仕方のないこと。

「ネガティブでもいいや」
くらいに思ってみる。
無理やりポジティブに
なるよりも
その方が、ずっといい。

「考えすぎ」「気にしすぎ」「もっと気楽に考えたら？」と、誰かから指摘されることがあります。

でも、あなたはそのままで大丈夫。

誰かに指摘されたからといって、自分の考え方を変える必要はありません。

「考えすぎ」「気にしすぎ」と指摘する人とあなたとでは、気になるポイントが違うだけです。なににについて考え、なにを気にするのかは、あなたの自由です。

あなたには自分の頭で考える力や、いろいろなことを察して相手を気づかうスキルがある、ということです。これは決して悪いことではありません。

「もっと気楽に考えたら」と指摘する人は、考えるのが苦手なことが多いものです。深く考えることが苦手だから、考えないことを正当化しているだけなのかもしれません。

人は、自分にないものを「脅威」とみなして嫌悪することがあります。

でも、考えるのが苦手な人たちのなかにおいてあなたの思考力は、生きていくうえで強力な武器であり、危険から身を守る防御にもなります。

これまでを振り返ると、たくさん考えたからこそうまくいったこともあったはずです。気楽に考えなかったからこそ、最悪の事態を防げたこともあったはずです。

不安になったときには、ネガティブだからこその強みを思い出してください。世間の風潮に合わせたり、誰かのために無理やりポジティブになったりするよりも、今の自分の気持ちを大切にしてあげてくださいね。

いつも、ご機嫌でいるべき？

誰かのために
ご機嫌じゃなくてもいい。
無理をしてまで
ご機嫌な自分を

演じなくてもいい。
ご機嫌でいるのは
自分のためだけに
しておこう。

「いつもご機嫌な自分でいたい」「自分の機嫌はコントロールしたい」と考える人が増えています。もし、あなたもその一人なら、「誰のために」「なんのために」ご機嫌な自分でいたいのかを考えてみてください。

それが、自分のためならまったく問題ありません。

ご機嫌でいた方が自分にとって居心地がよかったり、ラクだったりするのなら、ご機嫌でいるために頑張ることは自分のためになります。

でももし、ご機嫌でいるのが他人のためだったり、他人の目を気にしたりしてのことなら、そうまでして頑張らないでおきましょう。

本当はイライラしているのに、悲しいのに、疲れてヘトヘトなのに……本当の自分を隠してまで、誰かのためにご機嫌な自分を演じなければならなくなるからです。

そんなことをしていたら、あなたの心はどんどん不機嫌になってしまいます。

「ご機嫌ではない自分を見せたら嫌われるのでは」と不安になったときには、「そういう人とはどうせずっと一緒にいられない」と思うようにしてください。

あなただけが頑張ったり、我慢したりするような関係は長続きしません。

誰かがご機嫌ではないあなたを否定したり、嫌ったりするなら、相手のそういう部分が早い段階でわかってよかったと考えてみましょう。

いつもご機嫌でいたいと思う人こそ、自分のために自分の心に正直に過ごすことから始めてみてくださいね。

楽しいときは、楽しい。イヤなときは、イヤ。

疲れたときは、疲れた。しんどいときは、しんどい。

自分の状態を否定せずにそのまま受け止めてあげることが、自分のためにご機嫌でいる近道です。

2
CHAPTER

人のためにがんばるのをやめよう

他人を許さなくてはダメ？

許さなくていいし、
許せなくてもいい。

あなたにとって、

それほどのことがあったのだから。
あなたが今、許すべきなのは
「あの人」ではなく、
許せないことに悩む
自分自身。

「人を許しましょう」と言われることがあります。

あなたが心から納得してその人を許せるのであれば、まったく問題ありません。

でも、そう簡単に心の整理がつかないできごとなら、無理に相手を許そうとしないでおきましょう。どうしても許せない理由があなたのなかにあるはずだからです。

その当時、なにがあって、どれだけ心が深く傷ついたのかを知っているのは、ほかの誰でもないあなた自身。だから、誰かのことをずっと許せないとしても、それはそれでいいのです。

「許すことが自分のためになる」という考え方もあります。

でも、自分の気持ちに嘘をついてまで相手を許すことはしないでおきましょう。許したくない相手を許そうと頑張ることは、自分のためにはならないからです。

あなたがまず許してあげるべきなのは、あなたを傷つけた相手ではなく、まだ許せ

ないと思う自分自身。「許せないほどのことがあったのだから、許せなくていいのだ」と、自分を許してあげてください。自分の心を守るために、「許さない」という選択があってもいいのです。

許せる人がいい人で、許せない人が悪い人ということはありません。許せたら幸せになれて、許せないと不幸になるということもありません。

許せない人が悪いのではありません。そもそも、許せないようなことをした相手が悪いのです。

世の中には、許せないようなことをする人がいます。許さない方がいい人だっています。許すたびに傷つけられてしまうこともあります。許してしまったら、その優しさにつけ込むような人もいるからです。

だから、どうしても許せない人がいても大丈夫。

許さない方がいいこともあるのだと、自分の味方になってあげてくださいね。

人の成功を喜べないとダメ？

人の成功を喜べなくてもいい。
心から祝福できなくてもいい。

悔しくなったり

ねたみが生まれたり
怒りや焦りが出たりしてもいい。
あなたはそれだけ
一生懸命に生きているということ。
喜べないことは
ダメどころか素直でいい。

人の成功を喜べなくても、あなたの人生はうまくいきます。
人の幸せを喜べなくても、あなたは幸せになれます。
誰かの成功や幸せと、あなたの成功や幸せは別ものだからです。

誰かの成功や幸せを見たときに、モヤモヤしたり、悔しくなったり、怒りが湧いたり、素直に喜べなかったりするのなら、それはあなたが一生懸命頑張って生きている証拠です。

だから、誰かの成功や幸せを無理やり喜ぶよりも、「別に喜べなくてもいい」と思ってみてください。誰かを納得させる理由なんていりません。うれしくないものはうれしくない、でいいのです。

ときには、人にはとても言えないようなひどい言葉や、ドロドロした感情が湧き上

がってくることがあるかもしれません。

でも、それも悪いことではありません。あなたの性格が悪いとか、そういうことでもありません。

人の成功や幸せを喜べない自分がイヤになったら、「素直でいい」「人間らしくていい」と肯定してみてください。

無理して喜ぼうと頑張るのではなく、喜べなくてもいいと自分に許可を出してあげてください。**あなたのその素直な気持ちを認めてあげてください。**

代わりに、自分が成功したときにはしっかり喜んでくださいね。

人の成功を喜べなくても、自分の成功を喜べるなら大丈夫。人の成功を喜ぶかどうかは、おまけ程度に考えておきましょう。

いつも笑顔でいるべき？

悲しいときは
泣いていい。
腹が立ったときは
笑ってごまかさなくていい。

つらいときや苦しいときには
しんどい顔をしたっていい。
あなたが楽しくない
ときには
笑わなくていい。

心からの笑顔は、心と体を元気にします。

でも、誰かのために無理して笑うことを続けていると、笑顔という仮面がぴったり張り付いて、あなたの心と体を疲弊させてしまいます。

おかしな人だと思われないために、空気を読んで、つくり笑いをすることがあるかもしれません。

相手を怒らせないために、不機嫌にしないために、楽しませるために……楽しくもないのに、相手のために笑顔をつくることがあるかもしれません。

しんどくて苦しくてもう限界なのに、自分の本音を笑顔で覆い隠してしまうこともあるかもしれません。

もし心当たりがあるなら、まずは、これまで一生懸命笑顔で頑張ってきた自分自身をたっぷりほめてあげてください。

そのうえで、「これからはもう空気を読んで笑わなくても大丈夫」と自分自身に伝

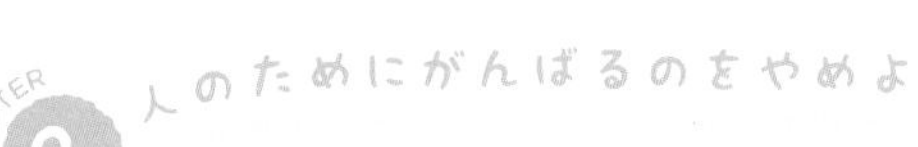

えてあげてください。

つくり笑いをしなければならないような気をつかう場所で、もう、これ以上頑張らないでおきましょう。

イヤなことを言われたら怒っていいし、悲しいときには泣いていいし、しんどかったり疲れたりしているときには、無表情でもいいのです。

そんなあなたを受け入れてくれる場所は必ずあります。

つくり笑いはやめて大丈夫。誰かのために笑ってばかりいたら、自分のために笑えなくなってしまいます。

笑顔をつくるのは自分のためだけでいい――、そう思ってみてくださいね。

苦手な人や嫌いな人とも、仲良くするべき？

みんなと仲良くできなくてもいい。苦手な人や嫌いな人がいてもいい。

仲良くなると
一緒にいる時間が
長くなってしまうから、
仲良くできない方がいい。

保育所や幼稚園、学校では、「みんなと仲良くしましょう」「みんなのことを考えましょう」と言われます。でも、みんなと仲良くできなくても問題ありません。わざわざ相手に意地悪をしなければ、それで十分です。

いろいろな環境で育ち、いろいろな性格、いろいろな考え方を持つ人が集まる環境で、みんなと仲良くするというのは、そもそも無理な話です。

学校の先生たちでさえ、できていないことがあります。

ではなぜ、先生たちは児童や生徒がみんなで仲良くすることを求めるのかというと、その方が先生たちにとって都合がいいからです。

大人になっても仲良くするのがいいことだというプレッシャーを感じる場面があります。「大人になれ」「和を乱すな」と言われることもあるでしょう。

郵便はがき

料金受取人払郵便

渋谷局承認

2087

差出有効期間
2025年12月
31日まで
※切手を貼らずに
お出しください

150-8790

130

〈受取人〉

東京都渋谷区
神宮前 6-12-17

株式会社ダイヤモンド社
「愛読者クラブ」行

本書をご購入くださり、誠にありがとうございます。
今後の企画の参考とさせていただきますので、表裏面の項目について選択・ご記入いただければ幸いです。

ご感想等はウェブでも受付中です（抽選で書籍プレゼントあり）▶

年齢	（　　　）歳	性別	男性 ／ 女性 ／ その他
お住まいの地域	（　　　）都道府県 （　　　）市区町村		
職業	会社員　経営者　公務員　教員・研究者　学生　主婦 自営業　無職　その他（　　　）		
業種	製造　インフラ関連　金融・保険　不動産・ゼネコン　商社・卸売 小売・外食・サービス　運輸　情報通信　マスコミ　教育 医療・福祉　公務　その他（　　　）		

DIAMOND 愛読者クラブ メルマガ無料登録はこちら▶

書籍をもっと楽しむための情報をいち早くお届けします。ぜひご登録ください！

- 「読みたい本」と出合える厳選記事のご紹介
- 「学びを体験するイベント」のご案内・割引情報
- 会員限定「特典・プレゼント」のお知らせ

①本書をお買い上げいただいた理由は？

（新聞や雑誌で知って・タイトルにひかれて・著者や内容に興味がある　など）

②本書についての感想、ご意見などをお聞かせください

（よかったところ、悪かったところ・タイトル・著者・カバーデザイン・価格　など）

③本書のなかで一番よかったところ、心に残ったひと言など

④最近読んで、よかった本・雑誌・記事・HPなどを教えてください

⑤「こんな本があったら絶対に買う」というものがありましたら（解決したい悩みや、解消したい問題など）

⑥あなたのご意見・ご感想を、広告などの書籍のPRに使用してもよろしいですか？

1　可　　　　2　不可

※ご協力ありがとうございました。

でも、仲良くできる人が優れていて、仲良くできない人が劣っているわけではありません。単にあなたが仲良くなりたいと思える相手かどうか、というだけのことです。仲良くできない自分に問題があるのではなく、むしろ相手に問題があることも多いものです。

苦手な人や嫌いな人とは、仲良くできなくても大丈夫。苦手な人や嫌いな人に時間をたっぷり使えるほど、人生は長くありません。苦手な人や嫌いな人に時間を使ってしまったら、好きな人や自分のために使える時間がなくなってしまいます。

苦手な人や嫌いな人とは仲良くならない方がいいし、仲良くできない方がいい。できないのではなく、自分のためにしないのだと考えてみてくださいね。

誰かに嫌われるのはダメなこと？

あなたがなにかしても
なにもしていなくても
嫌われることがある。

あなたがなにかを言っても
なにも言わなくても
嫌われることもある。

どうやっても嫌われる
ことはあるから、
「嫌われることもある」
くらいに思っておく。

誰かに嫌われていることを知って、傷つくことがあります。

誰かに嫌われているかもしれないと感じて、不安になることがあります。

嫌われるのが怖くて、相手に合わせたり、我慢したりすることもあります。

でも、誰かに嫌われたからといって、あなたに原因があるとは限りません。誰かを苦手だと感じたり、嫌いだと感じる理由で一番多いのは「なんとなく」だからです。

嫌いの理由を掘り下げていけば、性格が合わなかったり、過去の経験や生い立ちが影響していたりと、いろいろな事情が見つかりますが、いずれにせよ、あなたのせいではありません。それは相手の抱える問題です。

「なんとなく苦手」と思う原因は相手側にあります。あなたの努力でなんとかなるようなことではありません。

あなたがどんなに気をつけていても、頑張っていても、優しくしていても、人に嫌

われてしまうことがあります。ときには「そんなことで嫌いになるの？」というような思いもよらない理由で嫌われてしまうこともあります。

相手があなたを嫌いになるかどうかは、相手次第のところが大きいのです。

だから、誰かに嫌われてしまったとしても落ち込まないで大丈夫。

相手に嫌われたと感じて悲しくなったり不安になったりしたときこそ、「なにもしていなくても嫌われることがある」「相手の事情で勝手に嫌われることもある」ということを思い出してください。

誰かに嫌われないために頑張るより、あなたらしくいることの方がずっと大切です。

みんなに気をつかえないとダメ？

そう思う時点で、
あなたはもう十分すぎるほど
気をつかっている。

気をつかうのは、
余裕があるときだけでいい。

みんなに気をつかうのは
お休みして、
その代わりに
自分に気をつかってあげよう。

「空気を読め」と言われることがあります。
でも、そのようなことを言う人のために、頑張って空気を読む必要はありません。空気を読めと指摘するような人は、周囲が自分の思ったように動いてくれることを求めているだけです。

直接的に「私の言うとおりに動け」「私の気持ちを察して動け」と命令するとイヤな感じがするから、「空気を読め」という言葉を使うこともあります。

だから、普段から空気を読んでいる人こそ、あえて空気を読まないときがあっていいのです。空気が読めないと言われたら、「その場の空気を読むかどうかは自分で決める」「読めないんじゃない。読まないんだ」と心の中で反論してください。

同様に、みんなのことを考えられなくてもいいし、みんなに気をつかえなくても問題ありません。みんなに気をつかっていたら、それこそあなたの体力が持たないから

です。

人が求めるものは、一人ひとり違います。話しかけてほしい人もいれば、そっとしておいてほしい人、ただただ話を聞いてほしい人など、実にさまざまです。

100人いれば100とおりの気づかいが必要になりますから、「みんなに気をつかうというのは無理だ」と諦めてしまうのも一つの手です。

ほかの誰よりもあなたが気をつかってあげるべきなのは、自分自身。

誰かに気をつかえるあなただからこそ、みんなに気をつかう前に、自分にも気をつかってあげてくださいね。

他人の期待に応えるべき？

誰かの気持ちを
察したりしなくていい。
先回りして
誰かのために動けなくていい。

誰かの期待に
応えられなくてもいい。

その代わりに
もっと自分の気持ちを
察してあげよう。

自分のために動いてあげよう。

相手がどうしてほしいのかと先回りして考えて、行動しなくても大丈夫。

あなたが先回りして行動するのが日常になってしまうと、相手はそれを「当たり前」と勘違いするようになるからです。

当たり前になってしまうと、先回りして行動してくれたあなたに感謝しないどころか、あなたが先回りして行動できないときには、怒られてしまいます。

相手が望んでいる答えを言えなくても大丈夫。あなたの心の中に生まれた思いや感情は、全部あなたにとって正解だからです。

もしも、あなたの意見を相手が否定したとしても、それは単にその人と意見が違っただけ。あなたが間違っているとかダメだとか、そういうことではありません。あなたの意見を相手が受け入れるかどうかは、あなたの問題ではなく相手の問題です。

誰かの期待に応えられなくても大丈夫。

みんなの期待に応えようと思ったら、自分のために動く時間や体力がなくなってしまいます。

誰かの期待に応える代わりに、もっと自分の期待に応えてあげてください。

いつあなたから離れるかわからない人たちではなく、人生で一番長い付き合いになる「あなた自身」をもっと大切にしてあげてください。

誰かと一緒にいることに疲れたときには、先回りして考えたり行動したりするのをお休みしてみましょう。

そして、ほかの誰よりもまず、あなた自身の期待に応えてあげてくださいね。

愚痴や弱音は言わない方がいい？

愚痴も弱音も言っていい。

ため込んで
心が苦しくなるくらいなら

誰かに聞いてもらう方がいい。
ただし、相手は選ぼう。
話す相手を間違えると
ますますストレスが
たまってしまうから。

愚痴を言ったり、弱音を吐いたりしても大丈夫。

ストレスをため込みすぎてしんどくなったり、限界に達して爆発したりする前に、誰かに聞いてもらう方がいいのです。

ただし、愚痴を言う相手は慎重に選びましょう。相談しない方がいいのは、次のようなタイプの人たちです。

一つ目は、話泥棒タイプ。

「わかる、わかる」「実は私も……」「私の方が大変」――。

こんなふうに、話の主導権をあなたから奪ってしまいます。

あなたの話を聞いてもらうはずが、いつの間にか相手の話を聞かされて、スッキリするどころか逆にあなたが疲弊してしまいます。

気づかい上手だったり、聞き上手だったりする人ほど被害に遭いやすいので、うっかり聞き役になってしまわないように気をつけてくださいね。

二つ目は、否定タイプ。

「それくらいで」「そんなこと言うもんじゃない」「それはおかしい」——。

こんなふうに、あなたを否定するようなことばかり言う人です。

話を聞いてもらいたかっただけなのに否定的なことを言われてしまうので、相談したあとでモヤモヤとしたイヤな感情が残ってしまいます。

あなたのなかにたまった苦しみを外に出すには、あなたの話を否定せずに最後まで聞いてくれる人が必要です。

家族や友達に話を聞いてくれるような人がいなければ、オンライン上の知り合いでも、医師やカウンセラーでも構いません。

「こんなこと」「これくらいで」なんて思わずに話を聞いてもらってくださいね。

大丈夫。あなたの話を聞いてくれる人は必ずいます。

友達をつくるべき？

友達がいるからといって
幸せになるわけでもないし、
友達がいないからといって
不幸になるわけでもない。

友達をつくるべきかと悩む時点で、
あなたの人生にとって「友達」は
それほど重要なものでは
ないのかもしれない。

友達がいない方が
ラクなこともある。

子どものころに植え付けられた「友達をつくるべきだ」という思い込みが、「友達をつくらなければ」という焦りにつながることがあります。

友達がいるのはすばらしいことだというイメージが、友達がいない自分はダメなのではという不安につながることもあります。

大勢の友達に囲まれて幸せそうな人を見て、友達がいない自分を寂しく感じることもあります。

このような「友達がいた方がいい」「友達をつくるべきだ」という世の中の雰囲気がプレッシャーとなって、生きづらさにつながることがあるのです。

SNSを開くと、友達と楽しそうにしている人々を目にすることがあるかもしれません。

でも、そこに投稿されているのは「幸せな一瞬」を切り取った場面です。その裏にある苦労やその人たちの本音は、誰にもわかりません。

周囲にアピールするためだけに、「幸せそうな自分」を演じていることもあります。

私のもとには毎日たくさんの人が相談に訪れますが、そのほとんどは人間関係の悩みごとです。友達との関係で悩む人もたくさんいます。

楽しそうに見えるあの人たちも、実は友達とのことで悩んでいるかもしれません。

友達と一緒にいることで、楽しいひとときを過ごせることがあります。

でも、友達と一緒にいるからこそ気をつかわなければいけなかったり、傷つくことがあったり、悩みを抱えたりすることもあります。

世間のプレッシャーを感じて苦しくなったときには、「友達がいなくても大丈夫」「いない方がラクなこともある」ということを思い出してください。

ひとりの時間が好きだったり、ひとりの時間を大切にすることは、なにもおかしなことではありません。大丈夫ですよ。

家族と仲良くするべき？

家族と仲良くできなくてもいい。

家族だからこそ
許せないこともあるし、

わかり合えないこともある。
一番身近な家族が
心理的には
一番遠いこともある。

大丈夫。
あなたはなにも悪くない。

世間一般の人々が抱く理想的な家族のイメージに苦しめられる人たちがいます。

「自分は親不孝なのだろうか」「自分はダメな人間なのだろうか」「家族と不仲なのは自分が悪いからだろうか」と悩む人たちがたくさんいます。

でも、家族だからといって仲良くできるとは限りません。仲良くしたくても、仲良くできない人が家族のなかにいることもあります。どうしても合わない人が家族、ということもあります。


友達や恋人、夫婦……自分の意思で選んだ相手でもうまくいかないことがあります。自分で選んだ相手との関係でさえうまくいかないことがあるのに、自分の意志で選ぶことのできない家族に対して、「家族だから」という理由だけで仲良くなれないことがあるのは当然です。

家族だとしても、「価値観が合わない」「性格が合わない」ということは十分あり得ます。そういう人たちと距離を置きたいと思うことは、ワガママでもなんでもありま

せん。自分の心、ひいては自分の人生を守るために必要な選択です。

家族と仲が悪くても大丈夫。

家族と仲が悪くても、ほかの人と仲良くすることはできるし、幸せな人生を生きることもできます。

理想的な家族のイメージを他人から押し付けられたり、悪いことをしているようで苦しくなったりしたときには、「ただし、それは理想的な親子関係に限る」と思ってみてください。

そして、自分はなにも悪いことはしていないんだと自分に教えてあげてください。

ほかの人には理解されにくいデリケートな問題だからこそ、自分が自分の味方になってあげてくださいね。

実家に帰省するべき？

帰りたいと思える場所なら
帰省したらいい。
でも、帰りたくない場所なら
無理に帰省しなくていい。

帰省することが
いいとか悪いとかではなく
帰りたくなる家かどうか
だけの話なのだから。

実家が心休まる安全な場所だと思える人がいます。家に帰れば肩の力を抜いて、ありのままの自分で過ごせて、自分の本音を自由に話せる人たちです。そういう人たちは、家族は自分の味方だと信頼しています。

一方で、実家にいると疲れてしまう人がいます。家族の機嫌を損ねないように、怒らせないように、余計なことを言わないようにと、神経をつかわなければならないからです。

子どものころから家族の顔色をうかがいながら過ごしていると、帰省しても気が休まりません。「この家に自分は要らないのでは」と不安になったり、「否定されるのでは」と憂鬱（ゆううつ）になったり、「自分の居場所がない」と感じたりします。

このように、実家といっても人によってそのあり方は全然違います。だから、実家に帰りたくないと思う人がいるのは当然のことです。

「実家に帰省しない自分は親不孝なのではないか」と悩む人もいますが、そんなことはありません。単に帰りたくなる実家なのかどうかだけの差です。

帰省しない人が悪いのではなく、帰省したいような場所ではないだけです。あなたはなにも悪くありません。

「帰省しないと親がかわいそうだから」と悩む人もいますが、行きたくもない場所に無理して行くのは、あなたがかわいそうです。

親を気づかう気持ちは素敵ですが、自分のことも気づかってあげてくださいね。

帰省したくないと思っても、大丈夫。帰省したくない理由があなたにはあるのです。

自分の本音を、大切にしてあげましょう。

職場で我慢するのをやめよう

限界がくるまで頑張るべき？

あなたが頑張り続けて
「もう無理！」となったとき、
その人たちは助けてくれるだろうか？

限界がきてあなたが倒れたとき、
その人たちは助けてくれるだろうか？
どちらも「いいえ」なら、
そんなに
頑張らないでおこう。

「もっと頑張らなければ」と自分で思うこともあれば、「もっと頑張れ」と他人から言われることもあります。でも、そんなときこそ、いったん立ち止まってください。

そうまでして、その人のために頑張らなければいけませんか？

もうあなたは十分頑張ってきたのではありませんか？

なぜこのような質問をしたかというと、「もっと頑張らなければ」と思うときは、すでに限界近くまで頑張っていることが多いからです。

だから、そんなときこそ頑張るのをやめてみましょう。

この時点でやめておく方が、心や体の回復は早いからです。

もしも、誰かからもっと頑張ることを求められたり、誰かのためにもっと頑張らなければと思ったりするときには、次のように自分に問いかけてみてください。

「この人は、私が無理をして倒れたときに、私を助けてくれるだろうか」

「この人は、私が限界に達しないように、手を貸してくれるだろうか」

この問いに自信を持って「はい」と答えられない相手の言うことは、聞かないでおきましょう。

そういう人は、あなたが頑張ってうまくいけば「私のおかげ」と手柄を横取りするし、あなたが倒れたときには、「あなたが悪い」とあなたのせいにするからです。

もっと頑張るかどうか迷うようならいったん立ち止まって、頑張ることが自分のためになるのか考えてみてくださいね。

誰かに言われて、誰かのために頑張らなくても大丈夫。

あなたの人生なのですから、口出しだけする人に邪魔をさせないでおきましょう。

家に帰っても、仕事のことが頭から離れない

痛いときには、痛み止め。
風邪のときには、風邪薬。
胃の痛みには、胃腸薬。

仕事のことが頭から
離れないときには、
切り替えの術。

自分を助けてくれる
アイテムを
どんどん使っていこう。

家に帰っても仕事のことを考え続けてしまうことがあります。考えないようにしようとすればするほど、考えてしまう……そう悩む人は少なくありません。

でも、それ自体はとても自然なことなので心配しないでください。人の脳は禁止されるのが苦手なので、「考えてはいけない」「考えないようにしよう」と思えば思うほど、考え続けてしまうのです。

「開けてはいけない」と言われた玉手箱を開けてしまった浦島太郎、「のぞいてはいけない」と言われたふすまを開けた鶴の恩返しのおじいさんのように……。

家に帰ってまで仕事のことを考えたくない！

そんなときには、音や言葉で頭を切り替えてあげましょう。

仕事のことが頭をよぎったら、即座にパンッ！　と手を叩く。

そのまま目をつぶって「リセット」と心の中で呟く。

次に、目を開けて「リセット」と口に出す。

このときのポイントは、テンポよく一連の動作を行うことです。

仕事のことが頭をよぎったら、この動作を何度でも繰り返しましょう。

家に帰っても仕事のことが頭を離れないときは、頭のなかの思考回路がフル稼働状態になっていますから、なんとかして思考をストップさせなくてはいけません。

そのために効果を発揮するのが手を叩く動作です。

悩みごとと関係のない動作をすることで、フル稼働している思考回路を強制的にストップさせてしまいましょう。さらには目をつぶって開けるという動作によって、感覚的に意識を切り替える効果も期待できます。

不思議なことに、これだけで仕事のことが気にならなくなりますよ。

職場の人と仲良くするべき？

そう思っている時点で
「仲良くなりたくない人」の可能性、大。
そういう人たちとは

あいさつと返事をしておけば十分。無理して仲良くならない方が平和です。

あなたが本当に仲良くなりたいと思える人なら、「仲良くするべきか」と悩むことはありません。それよりも「仲良くなりたいなぁ」とか「どうすれば仲良くなれるかなぁ」と考えるはずです。

「仲良くすべきだろうか」と頭をよぎる時点で、あなたの心は「この人と仲良くなりたくない」「仲良くならない方がいい」と感じている可能性が高いのです。

性格や考え方が合わないとか、苦手な雰囲気だとか、あなたに対して批判的だとか、あなたが仲良くなりたくないと思うのにはなにかしらの理由があるはずです。

それが、どのような理由だとしても大丈夫。

大切なのは自分の感覚を信じて、「仲良くなりたくない」という自分の気持ちを尊重することです。

人間関係においてストレスになるのは、嫌いな人や苦手な人たちの存在です。

だから、そんな人たちとは関わらないのが一番なのですが、職場の人間関係ともなるとそう簡単にはいきませんよね。

会いたくなくても会わなければいけないし、嫌いだからといって無視するわけにもいかないし、まったく話さないわけにもいかない……このようなケースで悩む人はとても多いのです。

でも、そんな複雑な状況だからこそ、無理に仲良くならないでおきましょう。仲良くなってしまったら、それこそ離れられなくなってあとが大変だからです。

簡単に離れられない人だからこそ、自分のために仲良くならない方がいいと思ってみてください。

苦手な人が職場にいるだけで疲れてしまうものです。それなのに、これ以上苦手な人のために頑張らないでおきましょう。

年長者は敬うべき?

自分より年上だというだけで
敬わなくていい。
敬うかどうかを決めるのは、あなた。

敬いたい人なのか
そうではない人なのか。

敬えないと
思ったとしても
その責任は
あなたにはない。

「自分より年上の人の言うことは聞くべきだ」と言われることがありますが、言うことを聞くかどうかは、相手の年齢で決めることではありません。

だから、「自分の方が年上だから言うことを聞け」と主張するような人の言うことは聞かなくても大丈夫。年齢に関係なく、相手の言っていることにあなたが納得できれば従えばいいし、納得できないのならその主張を聞き入れる必要はありません。

言うことを聞くかどうかを決めるのは相手ではなく、あなたです。

「年長者は敬うべきだ」と言われることがあります。

でも、あなたが敬えないと思ったとしても問題ありません。敬うかどうかを決めるときにもまた、年齢は関係ないからです。本当に尊敬できる人に出会えば、年齢に関係なく、自然と敬う気持ちが生まれるはずです。

「自分を敬え」とあなたに強要してくるような人のことは、尊敬できなくても仕方がありません。相手を尊敬できないとしても、それはあなたのせいではありません。

尊敬は強要されるものではなく、自然と心から湧き上がってくるものだからです。

年齢が上の人に従うべきだという考え方が普及したのは、農業で生計を立てているような昔の時代です。農業においては経験がモノをいいますから、「年齢が上＝（農業の）経験が豊富で敬うべき人」と考えられていました。

でも、今の時代は違います。「年齢＝経験」ではありません。

だからこそ、今の時代に生きる私たちは、誰の言葉を聞き、誰の言葉に従い、誰を尊敬するのか、自分で決めていい。そう信じてみてくださいね。

行きたくない飲み会にも、参加するべき？

あなたが参加したくないなら、無理して行かなくていい。参加しない理由なんて「行きたくないから」で十分。

「ワガママだ」と言う人が
いるかもしれないが、
行きたくない人に
「参加しろ」と言う方が
ワガママなのだから。

気をつかって疲れたり、人の話を聞くのが面倒だったり、苦手な人がいたり、そもそも飲み会が楽しいと思えなかったり、そんなことにお金を使いたくなかったり……。

このように、あなたには飲み会に参加したくないと思う理由があるはずです。

それがどんな理由であっても構いません。大切なのは、「参加したくない」という自分の本音を大切にすることだからです。

「こんな理由で行かないのはワガママなのでは」と迷う必要もありません。

むしろ、「みんなが納得できる理由がない限り、参加しなければいけない」と主張する方がワガママです。

だから、行きたくない飲み会には参加しなくていいのです。

飲み会だけではなく、「〇〇会」という集まり全般に対して、行きたくないなら参加しなくてもいいのです。

ただ現実には、参加したくないけれど参加しなければいけないこともあるでしょう。本音では参加したくないけれど、参加するメリットが大きければ、迷うこともあるかもしれませんね。

そんなときには、「参加すること」と「自分へのごほうび」をセットで用意しておくことをオススメします。

好きなものを食べたり飲んだり、テンションが上がる予定を組み込んだり、のんびりゴロゴロと疲れを取る時間を確保してみてください。

苦手なことやイヤなことはしなくても大丈夫。

でも、どうしてもしなければいけないときには、頑張った自分へのごほうびを用意してあげてください。イヤなことだけだと、心も体も元気をなくしてしまいますから。

頼まれごとは、引き受けなくてはいけない？

引き受けるメリットと引き受けないメリットを比べてみよう。

「相手のため」は
いったん置いて、
どちらが
「自分のため」に
なるのかで選んでみよう。

「困っている人がいたら助けよう」「困ったときはお互いさま」という言葉があります。

でも、だからといって、自分が無理をしてまで困っている人を助ける必要はありません。**誰かを助けてあげるのは、自分の時間や体力に余裕があるときだけで十分です。**

世の中には、頼みごとをする側の人と、頼みごとをされる側の人がいます。どちらがよくてどちらが悪いということではないのですが、心や体に負担がかかりやすいのは頼みごとをされる側の人たちです。自分の時間や体力を使って誰かのために動くのはとても大変で、とても疲れることだからです。

だから、もしあなたが頼みごとを引き受けることに疲れていたり、自分ばかり損をしているように感じたり、頼みごとを引き受けることにデメリットを感じたりしているのなら、思い切って頼みごとを断ってみることをオススメします。

「そんなことをしてもいいのだろうか？」と不安になるかもしれませんが、心配しなくても大丈夫。

あなた以外にもその人の頼みごとを聞いてくれる人はいます。あなただけがその人の頼みごとを引き受けなければいけない、などということはありません。あなたにそこまでの責任はありません。

あなたに頼みごとをするかどうかは、相手の自由。

同じように、相手の頼みごとを引き受けるかどうかもまた、あなたの自由です。

これまで、誰かの頼みごとを引き受けてきたあなただからこそ、これからは自分のためになるかどうかで選んでみてくださいね。

人のアドバイスは、受け入れないといけない？

あなたへのアドバイスは、
その人の価値観から
生まれてくるもの。

だから、必ずしもあなたが
その人のアドバイスを
受け入れる必要はない。

人からもらった
アドバイスを
受け入れるかどうかは、
あなたが選んでいい。

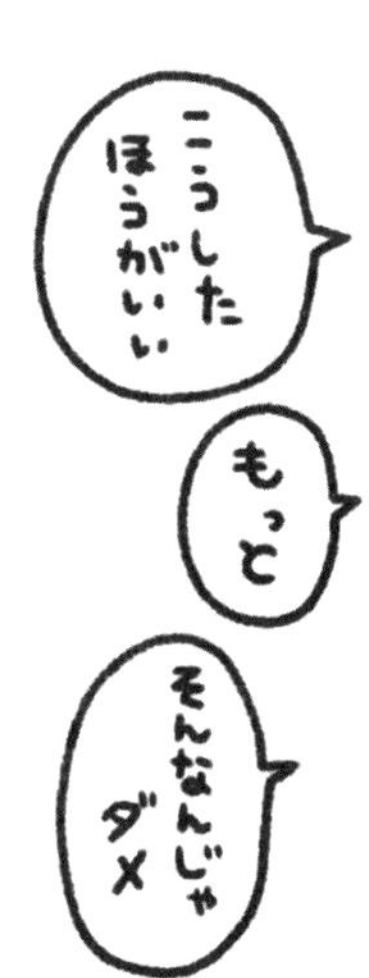

「あなたのため」という言葉を使って、理不尽なアドバイスを押し付けてくるような相手に気をつけてください。この言葉は、自分のアドバイスを聞くようあなたを仕向けるズルい言葉だからです。

この言葉がズルい理由は、主に二つあります。

一つ目は、アドバイスをしてくる相手が、まるでいい人のように見えること。

たとえば「あなたはダメ人間」と言うと、ただの人格否定にしか聞こえません。

でも、「あなたはダメ人間。本当はこんなこと言いたくないけれど、あなたのためを思って言っているの」と言われてしまうと、なんだか正しいことを言っているかのような錯覚に陥ってしまいます。

その結果、理不尽なアドバイスであっても、あなたはそれを聞き入れなければいけないような気持ちになってしまうのです。

二つ目は、アドバイスに従わない自分が悪い人のように感じること。「せっかく私のためを思って言ってくれているのに」と、相手のアドバイスに従わないことに罪悪感を抱かせます。

でも、本当にあなたのためを思うアドバイスなら、従わないことに罪悪感は抱きません。アドバイスに従わないことに罪悪感を抱かせる時点で、あなたにとって要注意人物だと思っていいでしょう。

相手があなたに自由にアドバイスをしてくるように、相手のアドバイスに従うかどうかもあなたの自由です。

相手がなんと言おうと、納得できなければ受け入れる必要はありません。

だからこそ、アドバイスをされたときには、自分がどう感じたのかを大切にしてくださいね。納得できないアドバイスはどんどん聞き流していきましょう。

雑談力は必要？

気の利いたことが言えなくてもいい。
話が盛り上がらなくてもいい。
言葉に詰まってもいい。

話している途中で
頭のなかがまっしろになっても、
慌てなくて大丈夫。

「別に私は会話の
プロじゃないんだし」
そのくらいに
思っておこう。

急に話を振られたとき、うまく応えられずに後悔することがあるかもしれません。相手がどんな話を求めているのか考えれば考えるほど頭のなかがまっしろになったり、なにか言わなければと焦れば焦るほど言葉が出てこなかったり……。あとになって「なぜうまく対処できなかったのか」と情けなくなって落ち込むこともあります。

でも、すぐに返事ができなくても、うまく応えられなくても、頭のなかがまっしろになっても、あなたのなにかがダメだというわけではありません。

うまく対処できないときというのは、単純に緊張していることが多いのです。

初対面で相手がどんな人物かわからなかったり、相手が苦手な人だったりするときに、人は緊張します。

「相手に否定されるのでは？」「怒られるのでは？」「相手の気を悪くさせてしまうのでは？」と、無意識に警戒するからです。

それだけではありません。

過去にうまく話せなくて後悔した記憶や、自分はうまく話せないという思い込みが、緊張をさらに増幅させてしまうこともあります。

頭のなかがまっしろにならない一番の対策は、緊張を減らすことです。気の利いたことが言えなくてもいいし、話が盛り上がらなくてもいい。言葉に詰まってもいいんだと考えて、自分のなかのハードルを下げてあげましょう。

それだけで緊張が減って、頭のなかがまっしろになることがなくなりますよ。

話術を売りにしているプロの人でさえ、うまく応えられずに悩むことがあるのですから、うまく話せないのは当然のこと。

「別にプロじゃないんだから」「うまく応えられなくて当たり前だ」くらいに思ってみてくださいね。

他人がほめられるのを見るとモヤモヤする

「ほめられたい」と思う時点で
あなたは十分頑張っている。

自分がほめられないことに

モヤモヤするのは、
あなたが自分の頑張りを
十分に知っているから。

ほめてくれるのかどうかも
わからない誰かのために
頑張るのをやめてみよう。

自分以外の誰かがほめられたとき、その言葉に素直に同意できることもあれば、モヤッとしたり、心がざわついたりすることがあります。

心が揺れ動く理由は、大きく分けて二つあります。

一つ目は、自分に自信がないケース。

自分が否定されているわけでもないのに、ほかの人がほめられていると、まるで否定されたような気分になってしまいます。「あの人、気が利くよね」と誰かがほめられていると、「それは私は気が利かないってこと?」とモヤモヤします。

この場合には、「否定されたと感じるほど不安なんだな」「大丈夫、大丈夫」と心の中でつぶやいてみましょう。

そう思うだけで、実際に否定されているわけではなく、自分がそう感じてしまうだけなのだということを認識できるようになります。

二つ目は、認められたいという思いが強いケース。

自分が頑張っているからこそ、自分以外の誰かの頑張りをほめられるとモヤモヤします。「自分もほめてほしい」「認めてほしい」という素直な気持ちと、今この場でほめられていない現実とのギャップに苦しくなってしまいます。

そんなときには、「こんな気持ちになるほど私は頑張ってきたんだな」「私、えらい！」と心の中で自分をほめてあげてください。

さらには「こんなに頑張ったのにわかってもらえなくて悔しいよね」と自分の気持ちに寄り添ってあげてください。

あなたの前で誰かをほめる人は、きっと別の誰かの前で、あなたのことをほめています。「別のところで、自分のこともほめてくれているのかもしれない！」ということも頭の片隅に入れておいてくださいね。

モヤモヤする時点であなたは、あなたが思っているよりもずっと頑張っていますよ。

今よりうまくいく過ごし方

目標が変わるのは、よくないこと？

目標が変わるのは
あなたが変化し続けているから。

だから目標は

どんどん変わっていい。
あなたの体調や気持ち
心の状態
環境に合わせて
どんどん
変わっていい。

目標が変わっても、いいんですよ。

あなたが自分で決めた目標なら、途中で変わってもなんの問題もありません。


たとえば、毎日1時間歩くという目標を立てたとしましょう。

実際にやってみたらなかなか大変で、時間の確保が難しかったり、気分が乗らなかったりすることもあります。

そんなときには、歩く時間を15分に縮めたり、毎日ではなく晴れた日に限定したりと、目標を変えてもいいのです。


洋服を試着する場面をイメージしてみてください。

サイズが合わなければ別のサイズを試したり、イメージと違っていれば違う洋服を探すこともありますよね。洋服のサイズに無理やり自分を合わせるよりも、自分に合う洋服を選ぶ方がずっと早くてラクです。

それと同じ感覚で、「これは難しいな」と感じたなら目標を変えればいいし、ちょっと無理だなと思えばやめてもいいのです。

一度立てた目標だからといって、無理して頑張る必要はありません。

究極のところ、目標を達成できるかどうかは続けられるかにかかっています。最初に立てた目標を無理やり頑張るよりも、自分の状態に合わせて目標を変える方が続けられる確率は高くなります。

もしも、目標を変えることに抵抗があるなら「目標を調整する」と捉えてみることもできます。

変えるのではなく、よりよくなるように調整しているのだと思ってみてくださいね。

逃げるのはよくないこと？

無理だと思ったら
逃げていい。

しんどいと思ったら

逃げていい。
やりたくないと
思ったら
逃げていい。

逃げることが
新しい一歩に
なることもある。

「逃げてはいけない」と言われることがあります。

でも、逃げていいんですよ。

立ち向かうのがよくて、逃げるのが悪いなんてことはありません。人生において、立ち向かうことなく逃げた方が賢い場面はたくさんあります。

「逃げてもなにも変わらない」と指摘されることもあります。

でも、「逃げ」は選択肢の一つです。

逃げるという選択をすることができれば、環境が変わります。環境が変われば、あなたの心や体の状態も変わります。あなたを苦しめる場所から逃げることができれば、心や体は回復していきます。

「逃げるような人はどこに行ってもやっていけない」と言われることもあります。

でも、そんなことはありません。

単にその環境が、その人たちが、あなたに合わなかっただけです。もしそんなことを言われたら、こう考えてみてください。新しい一歩を踏み出そうとしているあなたを応援してくれるどころか、自信を失う言葉をかける人たちと離れることができてよかった、と。

誰かから直接言われなくても、「これは逃げでは？」と自分で不安になることもあるかもしれません。「逃げることはよくない」という思いが強ければ強いほど、「逃げたい。でも逃げてはいけないんだ」という葛藤（かっとう）に苦しむことになります。

そんなときは、逃げることが新しい一歩になることを思い出してください。

今あなたのいる場所や環境、あなたを取り囲む人たちから逃げる先が、あなたがこれから新しく生きていくうえでの「前」になります。

だから、心配しなくて大丈夫ですよ。

成長できないとダメ？

「自分は成長していないのでは」と
不安にならなくても大丈夫。

周りのみんなと比べて

焦らないでおこう。
成長していなくても
生きていくうえでは
まったく問題ない。

目標を達成した。夢を叶えた。

就職した。転職した。資格を取得した。

パートナーができた。結婚した。子どもができた。


周囲の人が、どんどん成長しているように見えて不安になることがあります。自分はこのままでいいのだろうかと迷ったり焦ったりすることもあります。


そんなときは、いったん深呼吸。

長い人生において「成長し続けなければいけない」なんてルールは、どこにもないからです。成長したからといって人生がうまくいったり、毎日が楽しくなったりする保証もありません。あなたが成長していないことを指摘してきたり、成長しなければと焦らせるような人とは距離を置いてみましょう。

ライノスタイルや心の状態とともに付き合う人が変わるのは自然なことです。あな

たから去る者は追わず、来る者を選んでください。

自分が成長していないのではと不安にさせるようなものは、意識して見ないようにすることも重要です。

どうしても目に入ってしまったときには、楽しいことや好きなことのために時間を使ってみてください。不安なままの気持ちを放っておくと、どんどん不安が膨らんでしまうからです。好きなことに集中して、不安が小さいうちに消し去ってしまいましょう。

苦しいことに耐えて必死に成長するよりも、健康で楽しく生きることの方がずっと大切です。楽しんで生きる先に、気づけば成長もついてきますよ。

手抜きはよくないこと？

そう思ったときこそ
手抜きのチャンス。

思い切って手抜きをして

時間をつくってみよう。
手抜きでつくった
時間を
あなたの好きなことや
あなたの大切なことのために
使ってみよう。

頑張る方法、頑張ることのメリット、頑張ることの大切さ。私たちは子どものころから、学校や家庭で「頑張ること」が大切だと教えられます。なにかを頑張ればほめられ、逆に頑張らなければ叱られてしまいます。

このようなことを繰り返しているうちに、頑張ることはいいことで、頑張らないことは悪いことだという思い込みができあがっていくのです。

でも、すべてのことを頑張ろうとすると、時間も体力も足りません。

頑張らないとき、手を抜くときがあっていいのです。

「手を抜く」というとあまりいいイメージがないかもしれませんが、手抜きは悪いことではありません。生きていく上で必要な賢さであり、スキルです。

手を抜くことに罪悪感を覚えるなら、「手抜きできるほど頑張った」「手を抜きたいと思うほど頑張ってきた」と考えてみてください。人は、一度もやったことがないこ

とを手抜きすることはできません。なにをどう手抜きするのか、どこを手抜きしていいのかイメージできないからです。

つまり、手抜きができるのは、これまでなにかを頑張ってきた人だけ。手抜きをしたいと思う時点で、あなたには手を抜く資格があるのです。

料理を手抜きしたいと思うのは、普段から料理を頑張ってつくっているから。
仕事を手抜きしたいと思うのは、今まで手抜きをせずに頑張ってきたから。
掃除を手抜きしたいと思うのは、掃除の大変さを知っているから。

「もっとラクをしたいなぁ」「頑張りたくないなぁ」と思ったときは、手を抜くチャンス。思い切ってなにか一つやめてみてください。

そして、手を抜くことでできた時間を自分のために使ってあげてくださいね。

休みの日には予定を立てたり、きちんと過ごしたりするべき？

なにもしない日があってもいい。

誰にも見せられないような姿でのんびり過ごす日があってもいい。

「今日はそんな日」と思ってみる。
今日の予定を
「のんびりする」
に決めてみる。

せっかくの休日なのに、仕事のことが気になったり、なにもしていないと不安になったり、サボっているようで落ち着かなかったり。

「休みの日なのに休めない」「疲れが取れない」と思うことがあるかもしれません。

そんなときには、「休むこと」を予定に組み込んでしまいましょう。

なにかを頑張るのと同じように、休むことは立派な予定の一つです。

丸一日休むことに抵抗があれば、「夜8時〜9時の間はなにもしない」「朝9時まではゴロゴロして過ごす」というように、時間を区切って「休むこと」を予定に組み込んでみてください。

「休むこと」を予定にしてしまうことで、「なにもできなかった……」と落ち込みにくくなります。

休むことに慣れるまでは、「こんなことをしていていいんだろうか」「なにもしなく

て大丈夫なのだろうか」と不安になることがあるかもしれませんが、心配しないでください
ね。

人の脳は本能的に変化を嫌うので、あなたにとっていい変化であっても、いつもと違うことをするだけで不安になりやすいのです。

つまり、不安になったときこそチャンス！

不安になるのは、あなたがこれまでとは違う自分に変化しつつある、ということだからです。「休んだ方が頑張れる！」「休んだ方が家事や仕事の効率が上がる！」というように、休むことのメリットをたくさん集めて、変化に対する不安を和らげてあげてくださいね。

休むことに慣れていけば、だんだんと不安も出なくなりますよ。

人に感謝できないとダメ？

「感謝しろ」と言われても
感謝できなくていい。
「感謝が足りない」と言われても

気にしなくていい。

感謝は
強要されるものではない。

自分の心に
嘘をついてまで
感謝しないでおこう。

「人に感謝しなさい」と言われることがあります。

でも、感謝をするために頑張る必要もなければ、感謝しなければとプレッシャーを感じる必要もありません。「この人はそう思っているんだな」くらいに受け止めておけば十分です。

感謝は他人から強要されるものではなく、自然と自分の心に湧き上がってくるものだからです。

「人に感謝することで人生が豊かになる」「人に感謝するといい効果がある」という考え方がありますが、すべての人がその考えに従う必要はありません。

その考えに納得できた人が、人に感謝することを頑張ればいいだけの話です。あなたが納得できなければ、聞き流してしまいましょう。自分の心に嘘をついてまで人に感謝しようとすると、感謝するメリットよりも感謝するデメリットの方が上回ってしまいます。

「感謝が足りない」と言われることがあります。でもそれは、単にあなたにとってそこまで感謝できるようなできごとではなかっただけなのかもしれません。

そもそも、「感謝が足りない」と言うのはその人が勝手に思ったこと。「もっと感謝されるはずなのにおかしい！　もっと感謝して！」というその人のワガママです。

その人のワガママを満たしてあげる義務はないし、見返りを求める行動には感謝できなくて当然だと思っていいです。

感謝は、頑張ってするものではありません。感謝できないのなら、それでいいのです。なにもおかしなことではありません。

感謝できるようになりたいと思う人は、まずは自分自身に「ありがとう」を伝えてください。ほかの誰よりもまず、自分に感謝を伝えてみてください。

なにごとも諦めずに続けるべき？

時間も体力も限りがある。
だから、合わないと感じたら
続けなくてもいい。

三日坊主だとしても
落ち込まないでおこう。
「自分には合わない」と
気づくのが
数年後じゃなくて
よかった。

なにごとも長続きしない、すぐに飽きてしまう、途中で投げ出してしまう……。
このように悩むことはありますか？

でも実は、続けられなかったのではなく、続けたいと思うほどあなたにとって魅力のあるものではなかったのかもしれません。
もしそうなら、時間をムダにせず、早い段階で気づけてよかったのですよ。

すぐに飽きてしまうのでもなく、ただ単に途中で興味がなくなっただけなのかもしれません。

飽きると感じるのは、それまでの時間を楽しめているからこそ。夢中になったり、楽しいと思えたり、集中できた時間がほんの少しでもあるのなら、あなたには物事に取り組む力があります。
だから、すぐに飽きてしまってても問題ありません。切り替えが早いということです。

途中で投げ出してしまうのも悪いことではありません。
途中までは「できた」ということだからです。
できていないところだけではなく、できたところにも目を向けてみてくださいね。

長続きしないからこそ、その時間を使って、新しいことに挑戦できます。
自分に合わないものを無理して続けることをやめれば、空いた時間で、もっと自分に合うものを見つけるチャンスが広がります。

「続けることはいいことだ」という世間一般の雰囲気に負けてしまいそうなときには、続けないことのメリットを思い出してみてくださいね。

頑張って早起きするべき？

無理に早起きをして
ストレスをためるよりも、
自分に合った時間に起きる方がいい。

ギリギリでも
バタバタしていて余裕がなくても
起きられなくてもいい。
生きているなら大丈夫。

ゆったり優雅な朝の時間を過ごしている人たち。
好きなことをしたり、自分磨きをしたりと、有意義に朝の時間を使う人たち。
資格の勉強をしたりして、朝活を頑張っている人たち。
早起きすることのメリットをうたう記事やＳＮＳの投稿。

早起きするのはいいことだという世間の風潮が強まるにつれて、早起きできないことに悩む人たちが増えています。

たしかに、早起きにはいい面があります。でも、なにがなんでも早起きした方がいいというほどのメリットはありません。「早起きは三文の徳」という言葉があるように、早起きするとちょっぴりいいことがあるよ、という程度です（注：三文は、現在の貨幣価値に換算すると90～１００円ほど）。

だから、早起きできなくても大丈夫。

会社や学校の始業時間や約束の時間に間に合っているのなら、まったく問題ありません。万が一、約束の時間に間に合わないとしても、大急ぎで出かけて事故に遭うよりはましだと思っておきましょう。遅刻しないことよりも命の方が大切です。

早起きが苦手でいつも時間ギリギリになってしまう……と悩む人もいますが、早起きが苦手なのに起きようと思っているだけでも十分です。なにか理由があってどうしても早起きしたいというのなら話は別ですが、なんとなく早起きできた方がいい気がするという程度なら、早起きできなくてもまったく問題はないのだと割り切ってしまいましょう。

早起きするメリットよりも、早起きできない自分を責めるストレスの方がずっとずっと大きいですから。

「それでいい。大丈夫、大丈夫」。そう、自分に教えてあげてくださいね。

サボるのはよくないこと?

疲れたときに休むことも必要だが、
元気なうちに
休んでおくことはもっと大事。

それはサボりではなく、
あなたにとって
大切な休み。

疲れたときに無理をしないことは大切です。
疲れを感じたときに休むことも必要です。

でも、疲れていないときに休んではいけない、ということではありません。まだ動けても、元気でも、それほど疲れていなくても、休んでおきましょう。
疲れると心に余裕がなくなり、どうしても視野が狭くなってしまうからです。

本当なら無理せず休んだ方がいい状況だとしても、やらなければいけないことがあると、焦りやイライラが募って「休めない」「休めるわけがない」と思ってしまいます。
だからこそ、心や体が疲れきってしまう前に余裕をもって休んでおくことをオススメします。 これは、私にとって必要な休みだと考えてみてください。

頑張らないことが不安になるなら、「100%の力で頑張るために、今はあえて休

んでいる」と自分に言い聞かせてもいいでしょう。

誰かに文句を言われるのではと不安になるなら、「今、無理をして倒れた方がもっと文句を言われる」「迷惑をかけないために休んでいるんだ」と思ってみてください。なにをしても文句を言う人はいますから、どうせなら自分に優しい選択をしてくださいね。

「ほどほどに頑張る」「60％の力で頑張る」というのと同じで、適度にサボることは無理せず自分のペースで生きていくための一つの手段です。

調子に乗るのはよくないこと？

調子に乗れるようなことがあれば、
どんどん調子に乗っていい。
それだけ頑張ったのだから。

あなたが堂々と調子に乗れる
場所を選んでいこう。

うれしいことは、うれしい！
頑張ったときには、頑張った！
できたときは、できた！
うまくいったときは、うまくいった！

自分の成果はそのまま受け取っておきましょう。「これくらいで」「まだまだ」なんて謙遜する必要はありません。そんなことをしたら、頑張ったあなたがかわいそうです。あなたの頑張りがもったいないです。

ときにはその場の空気を読んで、人前で謙遜することもあるでしょう。でも、心のなかでは謙遜せずにおおげさなくらいに喜んでください。心のなかで喜んでも誰もあなたを攻撃しませんし、誰かに迷惑をかけることもありません。だから、安心して自分をたくさんほめてください。

調子に乗れるようなことは、人生それほど多くありません。だからこそ、調子に乗れるようなことがあったのなら、遠慮なく調子に乗っておきましょう。

自分の成果を実感することは、自分の自信にもなります。自分で自分を認めることができれば、モチベーションも上がります。

子どものころに大人から、「調子に乗るな」「謙虚でいろ」と教えられてきたかもしれません。

でも、調子に乗ってもいいんですよ。調子に乗ることはいいことだらけです。

調子に乗ったあなたを攻撃するような人ではなく、あなたと一緒に楽しんでくれる人を選んでいきましょう。その方が、人生は楽しくなります。

意味のないことはやめるべき？

やりたいこと、楽しいことは続けた方がいい。

「意味のないことをしているのでは」

そんなふうに不安になるなら
あなたが意味をつけてあげよう。

そうすれば
意味のないことなんて
ひとつも
なくなるのだから。

「そんなことして、なんの意味があるの？」
「そんなことしても、なんの役にも立たない」

なにかを始めるときに、人からこう言われることがあります。

子どものころに大人から言われた言葉が残っていて、自分に対してこのような厳しい問いを投げかけることもあります。

でも、人生において意味のないことはひとつもありません。

わかりやすく成長につながることだけが意味のあることではありません。あなたの心を元気にしてくれるもの、楽しませてくれるもの、イヤなことを忘れさせてくれるもの、夢中になれるようなものは、あなたにとって意味のあるものです。

おもしろい動画を見ていたら、なんとなく一日が過ぎてしまうことがあります。

布団のなかでスマホを触っていたら、あっという間に時間がたつこともあります。

でも、「意味のない時間を過ごした」「こんなことしていていいのだろうか……」なんて落ち込まなくても大丈夫。「自分の心を元気にしてあげた」「推しで心を潤した」「明日のために力を蓄えた」「イヤなことを考えずに済んだ」「心を休ませてあげた」と考えてみましょう。

スキルアップにつながらなくても、収入につながらなくても大丈夫。日常になんの変化が起こらなくても、あなたの心や体が元気になるのなら、それは生きていくうえで十分に意味があることです。

意味があるかどうかを決めるのは他人ではありません。あなたです。

意味のないことをしているのでは……と不安になったときには、あなたが意味を持たせてあげてくださいね。

おわりに

最後まで読んでいただきありがとうございました。

この本では、たくさんの「頑張らなくてもいいこと」をお伝えしました。やってみようかなと思うものもあれば、難しそうだなと思うものもあったでしょう。

でも、それでいいんですよ。大丈夫です。

すべてを受け入れたり、実践したりする必要はありません。頑張るのをやめるために頑張ってしまったら、それこそ疲れてしまうからです。納得できたもの、できそうなものから一つずつ試してみてくださいね。

なにより大切なのは、頑張るのをやめたらうまくいくと、あなた自身が信じること。
そのためには、「頑張るのをやめても大丈夫」「これ以上頑張れなくていいし、頑張らない方がいい」と、あなたがあなたに許可を出してあげてください。

無理して頑張ってきたことをやめていくと、自分が本当にやりたいことだけが残ります。あなたの頑張れる力を、自分のやりたいことや好きなことのために使えるようになっていきます。すると物事はどんどんうまくいきます。

このままでいいのかなと迷ったとき、なんでうまくいかないんだろうと落ち込んだとき、もう頑張りたくないと思ったときは、この本のページをめくってみてください。「頑張らなくていい理由」が見つかれば、頑張るのをやめる勇気が湧いてきますから。

「頑張るのをやめたら、本当にうまくいった！」
あなたがそう思える日が来ることを陰ながら応援しています。

Poche

［著者］

Poche（ポッシュ）

精神科クリニックに併設のカウンセリングルームで10年以上、心理カウンセラーとして勤務した後、独立。現在はメールでのカウンセリングを中心に活動しながら、2021年より、悩みを抱える方たちに「気づき」を得てもらうことを目的としたTwitter（現X）での発信を開始する。メールでのカウンセリング、対面カウンセリングともにいつも予約がいっぱいで、現在も数カ月待ちの超人気カウンセラー。著書に『あなたはもう、自分のために生きていい』『悪いのは、あなたじゃない』（ともにダイヤモンド社）、『あなたの「しんどい」をほぐす本』（KADOKAWA）、『がんばりすぎて疲れたあなたが自分の幸せをつくる本』（清流出版）がある。

https://poche862.com/

X（旧Twitter）@Poche77085714

Instagram @poche_counselor

がんばるのをやめたらうまくいった

2024年２月27日　第１刷発行

著　者――Poche
発行所――ダイヤモンド社
〒150-8409　東京都渋谷区神宮前6-12-17
https://www.diamond.co.jp/
電話／03･5778･7233（編集）　03･5778･7240（販売）

装丁･本文デザイン――安賀裕子
DTP――河野真次［SCARECROW］
校正――聚珍社
製作進行――ダイヤモンド・グラフィック社
印刷――新藤慶昌堂
製本――ブックアート
編集担当――日野なおみ

ISBN 978-4-478-11980-8